# CLAUS HULVERSCHEIDT

# EINE FRAGE DER GERECHTIGKEIT!

*Ein Plädoyer für ein faires Steuersystem*



Süddeutsche Zeitung Edition Streitschrift

Projektleitung: Sabine Sternagel
Art Director und Umschlaggestaltung: Stefan Dimitrov
Satz: Matthias Worsch
Autorenfoto: Britta Sembach
Herstellung: Thekla Licht, Hermann Weixler
Druck- und Bindearbeiten: CPI – Ebner & Spiegel, Ulm
Printed in Germany
ISBN: 978-3-86497-177-8

CLAUS HULVERSCHEIDT

# EINE FRAGE DER GERECHTIGKEIT!

*Ein Plädoyer für ein faires Steuersystem*

Süddeutsche Zeitung Edition Streitschrift

# INHALT

EINFÜHRUNG ........ 7

KAPITEL 1
Die Schaukämpfe der Parteien ........ 11

KAPITEL 2
Woran das Steuersystem krankt ........ 15

KAPITEL 3
Ein Konzept für Wachstum
und Gerechtigkeit ........ 53

*Am schwierigsten zu verstehen in der Welt ist die Einkommensteuer.*

*Albert Einstein*

Unter den drögen Themen auf der Welt ist das Steuerrecht scheinbar das drögste. Steuerrecht – das klingt nach öden Zweckbauten aus den siebziger Jahren, in denen graue Beamte mit Rechenmaschine und Ratzefummel zwischen Aktenbergen vor sich hin wursteln. Nach jenen seitengescheitelten Langweilern, die als Jugendliche bei Partys in der Ecke saßen und den ganzen Abend über nur Apfelschorle tranken.

Das Gegenteil ist wahr: Steuerrecht, das ist Leidenschaft! Pure, von Mythen umrankte Emotion! Spätestens dann, wenn der eigene Geldbeutel ins Spiel kommt. Wenn sich vermeintlich brave Bürger abends beim Bier die Schurkenstücke beichten, mit denen sie das Finanzamt an der Nase herum geführt haben. Wenn wieder ein Prominenter auffliegt, der seine Millionen am Fiskus vorbei ins Ausland geschleust hat.

Viele Menschen quält in solchen Diskussionen beständig der Gedanke, dass sie – natürlich nur rein steuerrechtlich – der einzige Depp weit und breit sein könnten. Dass der so harmlos daherkommende Nachbar die unzähligen Geheimgänge und Fluchtwege im Steuerrecht sicher viel geschickter dazu nutzt, dem Fiskus ein Schnippchen zu schlagen. Eine ganze Buchindustrie lebt mittlerweile ganz gut von der Behauptung, dass der Ehrliche in diesem Land immer häufiger der Dumme sei.

Auch die Wahlkampfmanager in den Parteizentralen versuchen, aus der Angst der Bürger Profit zu schlagen. „Einfach, niedrig und gerecht“ müsse das Steuersystem gestaltet sein, bläuen uns etwa CDU, CSU und FDP unentwegt ein – ausgerechnet jene Parteien, die das letzte Mal in den achtziger Jahren des vergangenen Jahrhunderts eine große Steuerreform hinbekommen haben. Aber ist die Analyse überhaupt richtig? Ist das Steuerrecht tatsächlich so kompliziert, dass nur die Bauernschlauen noch durchblicken? Ist die Steuerlast wirklich so hoch, dass sie die Bürger stranguliert? Oder müssen die Steuern umgekehrt sogar angehoben werden, weil die Einnahmen des Staates zu niedrig sind, wie SPD, Grüne und Linke das behaupten? Bedarf es der großen Steuerreform also überhaupt, und – falls ja – wie müsste sie aussehen?

Diese Streitschrift will Antworten auf diese und andere Fragen geben. Sie werden erfahren, welche geheimen Kostenfallen der Gesetzgeber ins Steuerrecht eingebaut hat, warum das System so kompliziert ist, wie es ist, auf welchen Wegen sich Vermögende und große Konzerne aus der Verantwortung stehlen, weshalb vermeintliche Wunderwaffen zur Lösung der Probleme nichts taugen und wie die Parteien immer wieder den gesunden Menschenverstand ignorieren – kurzum: warum trotz aller Errungenschaften alles anders werden muss.

# Die Schaukämpfe der Parteien

Am späten Vormittag des 8. Mai 2013 ging in der Haushaltsabteilung des Bundesfinanzministeriums an der Berliner Wilhelmstraße eine E-Mail ein. Sie war in Weimar abgeschickt worden, wo der „Arbeitskreis Steuerschätzung“ zweieinhalb Tage lang hinter verschlossenen Türen diskutiert hatte. Behalten die Experten recht, dann werden die Steuereinnahmen von Bund, Ländern und Gemeinden im Jahr 2013 mit 615 Milliarden Euro den höchsten Stand aller Zeiten erreichen. Und damit nicht genug: In den Folgejahren soll die Party weitergehen. 2017 wird der Staat demnach sogar die Marke von 700 Milliarden Euro knacken.

Die politischen Reaktionen auf die Weimarer Zahlen fielen erstaunlich aus. Finanzminister Wolfgang Schäuble (CDU) wertete die Prognose als Beleg für seine erfolgreiche Arbeit, obwohl er in fast vier Jahren als oberster Haushaltspolitiker des Landes wenig mehr getan hat, als den Wirtschaftsaufschwung zu verwalten. Die Grünen erklärten dagegen, die Regierung tue nichts für Investitionen und lebe nur noch „von der Substanz“. Und die SPD verstieg sich gar zu der Behauptung, die „verfehlte Krisenpolitik der Bundeskanzlerin“ auf europäischer Ebene komme nun in Deutschland an.

Alle diese Aussagen sind purer Unsinn. Wenn der Zahlensalat aus der Goethe-Stadt überhaupt etwas sagt, dann das: Bleibt uns ein ernsthafter Konjunktureinbruch erspart, dann wird der Bund ohne jedes Zutun der Politik schon ab 2014 auf neue Schulden verzichten und in der Folge sogar Überschüsse ausweisen können. Dadurch werden zweistellige Milliardenbeträge frei, die bisher für Zinszahlungen ausgegeben werden müssen – und die künftig investiert werden können: in Kitas und Schulen, in Straßen und Kommunikationsnetze, in die Pflege, die Entwicklungshilfe, die Bekämpfung des Fachkräftemangels. Steuererhöhungen um ihrer selbst willen, wie SPD, Grüne und Linke sie fordern, sind demnach unnötig.

Wenn also die Oppositionsparteien mit ihrer Forderung schief liegen, dann haben ja sicher CDU, CSU und FDP Recht, die uns glauben machen wollen, dank ihres kraftvollen Nichtstuns sei alles in Butter. Mitnichten! Denn der Staat nimmt zwar genügend Steuern ein – aber er nimmt die falschen Steuern ein.

# Woran das Steuersystem krankt

## *Mythen und Halbwahrheiten*

Die Debatte darüber, ob die Steuerlast gerecht verteilt ist, ist so alt wie die Steuer selbst. Je nachdem, welche einzelne Steuer man herausgreift, wird man für jede noch so abstruse These einen Beleg finden. Wer etwa meint, die Bürger würden ganz generell zu stark geschröpft, wird darauf verweisen, dass schon die Grenzbelastung bei der Einkommensteuer 50 Prozent übersteigen kann, wenn man Kirchensteuer und Solidaritätszuschlag mit einrechnet. Wer dagegen glaubt, dass es den „Reichen" viel zu gut geht, dem genügt oft als Beweis, dass es in Deutschland keine Vermögensteuer gibt. Wer hingegen statt des politisch gefärbten ein realistisches Bild der Dinge bekommen will, muss sich die Mühe machen, die Wirkungen der einzelnen Steuern und ihre Beziehungen untereinander zu betrachten.

Die bedeutendste Steuer in Deutschland ist die Einkommensteuer. Sie erzielt nicht nur 35 Prozent des gesamten Steueraufkommens, sondern ist zugleich das zentrale Instrument der Umverteilung, auf der der Sozialstaat wesentlich basiert. Nach einer Übersicht des Bundesfinanzministeriums trägt das einkommensstärkste eine Prozent der Steuerpflichtigen, das sind Menschen mit einem Jahresverdienst von 185 000 Euro und mehr, gut ein Fünftel zum Einkommensteueraufkommen von Bund, Ländern und Gemeinden bei. Die untersten 20 Prozent, also Bürger mit Einkünften von weniger als 11 200 Euro, kommen dagegen auf einen Anteil von gerade einmal einem

Tausendstel, obwohl sie eine zahlenmäßig viel größere Gruppe sind. Dafür verantwortlich ist der progressive Verlauf des Einkommensteuertarifs: Er sorgt dafür, dass die Steuerlast mit wachsendem Verdienst nicht nur absolut, sondern auch relativ betrachtet immer weiter zunimmt. Man spricht vom Prinzip der Besteuerung nach der Leistungsfähigkeit – oder weniger technisch ausgedrückt: Starke Schultern tragen mehr als schwache.

Die Umverteilung funktioniert also. Oder doch nicht? Das Problem ist, dass die Betrachtung der beiden äußersten Enden des Einkommensspektrums nur wenig darüber aussagt, wie es zwischen diesen Enden, also in der breiten Mitte aussieht. Hier nämlich besteht sehr wohl erheblicher Veränderungsbedarf, wie sich später noch zeigen wird.

Eine isolierte Betrachtung der Einkommensteuer bringt aber nichts, denn sie ist ja wie erwähnt bei weitem nicht die einzige Abgabe, die die Bürger zu zahlen haben. Hinzu kommen beispielsweise die indirekten Steuern, allen voran die Mehrwert-, die Energie- und die Kfz-Steuer, sowie die Beiträge zu den Sozialversicherungen. Sie alle orientieren sich nicht oder nur sehr bedingt am Einkommen des Steuerpflichtigen. Zwei Menschen etwa, die an der Tankstelle jeweils 50 Liter Super-Benzin in ihr Auto füllen, zahlen darauf exakt die gleiche Summe an Mineralölsteuer – unabhängig davon, ob der eine 20000 und der andere 200000 Euro im Jahr verdient. Und auch die Summe der Sozialabgaben unterscheidet sich im genannten Beispiel gar nicht so sehr, da der Einkommensstärkere nur auf ein Drittel seines Verdienstes überhaupt Beiträge zahlen muss. Vereinfacht kann man sagen: Je höher das Einkommen eines Bürgers ist, desto geringer ist der Anteil, den er für indirekte Steuern und Sozialabgaben aufwenden muss.

Beide Abgabearten wirken also regressiv und konterkarieren damit die progressive Wirkung des Einkommensteuertarifs. Zwar steigt, wenn man alles zusammenrechnet, die

Steuer- und Abgabenbelastung mit wachsendem Verdienst zunächst immer noch an. Aus der einst steilen Einkommensteuerkurve wird jedoch eine sehr flache, beinahe gerade Linie – die am Ende wieder nach unten abknickt: Ausgerechnet für die reichsten Steuerpflichtigen geht die Belastung im Vergleich zur Mittelschicht also wieder zurück, weil indirekte Steuern und Sozialbeiträge gemessen am Gesamtverdienst kaum noch ins Gewicht fallen. Das Prinzip der Besteuerung nach der Leistungsfähigkeit wird so ad absurdum geführt.

Beheben ließe sich das Problem durch eine drastische Anhebung des Spitzensteuersatzes von derzeit 42 Prozent. Entsprechende Initiativen gibt es beispielsweise in Frankreich und bei der deutschen Linkspartei, wo Spitzensätze von 75 oder gar 100 Prozent in Rede stehen. Bei solchen Zahlen fällt es allerdings schwer, noch von Besteuerung zu sprechen – Enteignung wäre wohl das bessere Wort. Ein Staat, der sich derart ungeniert am Eigentum seiner Bürger vergreift, macht sich nicht nur verfassungsrechtlich angreifbar. Er vertreibt auch einen Teil seiner Eliten ins Ausland. So lächerlich sich der französische Schauspieler Gérard Depardieu mit seiner Anbiederei beim russischen Beinahe-Demokraten Wladimir Putin gemacht hat, so nachvollziehbar ist es, dass auch ein Millionär sich von seiner Regierung nicht ausnehmen lassen will wie die sprichwörtliche Weihnachtsgans.

Doch trotz allen Verständnisses: Die Sorgen schauspielernder Multimillionäre hätten viele einfache Bürger gerne – Menschen, die sich aufgrund ihres Verdienstes, ihrer Lebensumstände, ihres Umfelds völlig selbstverständlich der Mittelschicht zugehörig fühlen, denen gemessen an ihrem Einkommen aber die höchsten Belastungen unter allen Abgabenzahlern aufgebürdet werden. Es sind Chemiker, Bankangestellte und Berufsschullehrer, Ärzte, Piloten und Bauingenieure, Rechtsanwälte, Verlagskaufleute und Handwerksmeister, Redakteure, Informatiker und viele andere. Sie alle sind nicht arm. Aber sie sind beileibe auch „kein Jetset“, wie der nordrhein-westfälische FDP-Vorsitzende Christian Lindner einmal zu Recht gesagt hat.

Viele dieser Menschen schaffen Arbeitsplätze, sie engagieren sich ehrenamtlich und bringen den Spielplatz wieder in Schuss, den die Stadt hat verrotten lassen. Gleichzeitig zahlen sie Steuern bis hin zum Spitzensatz, führen die höchsten Sozialabgaben ab und müssen den Kredit für das neu gebaute Reihenhaus bedienen. Es sind die Menschen, von denen ausgerechnet die Grünen glauben, man könne sie durch die Erhöhung des Spitzensteuersatzes, die Abschaffung des Ehegattensplittings und die Anhebung der sogenannten Beitragsbemessungsgrenzen in der Sozialversicherung noch zusätzlich belasten. Es sind die Menschen, die von Politikern am Sonntag als „Leistungsträger“ umgarnt und am Montag als Besserverdiener geschröpft werden.

## *Eine große Errungenschaft*

Zu den größten Errungenschaften der deutschen Steuerpolitik gehört zweifellos die Einführung des schon erwähnten progressiven Einkommensteuertarifs. Er unterscheidet sich fundamental von einem Einheitssteuersatz, im Fachjargon flat tax genannt, wie es ihn mit dem „Zehnten“ schon zu biblischen Zeiten gab.

Ein Beispiel: Ein Arbeitnehmer verfügt nach Abzug aller Werbungskosten und sonstigen Aufwendungen über ein Einkommen von 20000 Euro. Bei einem Einheitssatz von 25 Prozent müsste er darauf 5000 Euro Steuern zahlen. Genau so würde mit seinem obersten Boss verfahren: Er verdient 200000 Euro und führt entsprechend 50000 Euro an das Finanzamt ab. Der Spitzenverdiener zahlt also absolut gesehen deutlich mehr, relativ gesehen aber nicht. Auch bleibt ihm dank des Einheitssatzes ein stattliches Sümmchen von 150000 Euro übrig.

Um den Umverteilungseffekt zu verstärken, belegt das Finanzamt bei einem progressiven Tarif jeden zusätzlich verdienten Euro mit einem minimal höheren Steuersatz als den vorangegangenen. Der erste Euro oberhalb des Grundfreibetrags von 8130 Euro etwa wird mit dem Eingangssteuersatz von 14 Prozent belastet. Vom zweiten Euro werden dann, vereinfacht gesagt, 14,002 Prozent abgezogen, vom dritten Euro 14,004 Prozent und so weiter. So setzt sich das fort, bis bei einem bestimmten Wert – derzeit sind das 52882 Euro – der Spitzensatz greift, der dann für jeden weiteren verdienten Euro gilt. Der genannte Arbeitnehmer mit 20000 Euro Gehalt zahlt im geltenden Tarif statt 5000 nur knapp 2700 Euro an Einkommensteuer, der Chef mit 200000 Euro Jahressalär hingegen statt 50000 fast 76000 Euro. Der Durchschnittssteuersatz des Chefs ist also mit 38 Prozent dreimal so hoch wie der seines Mitarbeiters.

## Grenzsteuersätze

zvE = zu versteuerndes Jahreseinkommen; Steuersätze in Prozent; Tarif 2013

| zvE | Grenzsteuersatz | Durchschnittssteuersatz |
|---|---|---|
| 15 000,00 | 24,7 | 9,2 |
| 25 000,00 | 29,2 | 16,3 |
| 35 000,00 | 33,8 | 20,7 |
| 45 000,00 | 38,4 | 24,1 |
| 55 000,00 | 42,0 | 27,1 |
| 65 000,00 | 42,0 | 29,4 |
| 75 000,00 | 42,0 | 31,1 |
| 85 000,00 | 42,0 | 32,4 |
| 95 000,00 | 42,0 | 33,4 |
| 250 000,00 | 42,0 | 38,7 |

Quelle: Bundesfinanzministerium

Wegen der Vielzahl der Steuersätze, die zum Einsatz kommen, kann man die eigene Steuerlast bei einem progressiven Tarif kaum im Kopf ausrechnen. Auch nicht auf einem Bierdeckel, wie manch forscher Reformer das schon gefordert hat. Im Computerzeitalter ist das aber ohnehin nicht mehr wichtig, es reichen ja ein paar Mausklicks. Wichtig ist allein, den Unterschied zwischen dem Grenzsteuersatz – also jenem Satz, mit dem der letzte zu versteuernde Euro belegt wird – und dem Durchschnittssteuersatz, dem gewichteten Mittel aller angewandten Grenzsätze, zu verstehen. Die politische Debatte dreht sich praktisch ausnahmslos um die Grenzsteuersätze. Auskunft darüber, wie viel der Staat am Ende vom Einkommen abknapst, gibt aber nur der in der Regel deutlich niedrigere Durchschnittssatz. Wer beide Dinge nicht auseinander halten kann, kommt zu Fehlurteilen und falschen Einschätzungen der eigenen Steuerbelastung.

## *Im Würgegriff des Staates*

Vor einiger Zeit schrieb mir eine freundliche ältere Dame einen Leserbrief, in dem sie sich darüber beklagte, dass ihr das Finanzamt während ihrer aktiven Zeit als Unternehmerin von 100000 D-Mark Gewinn immer 53000 Mark an Einkommensteuer abgezogen habe. Ganz gewiss musste die Dame damals, zu Zeiten des Kanzlers Helmut Kohl, hohe Steuern zahlen. Dennoch kann ihre Berechnung nicht stimmen: Zwar lag der Spitzensteuersatz seinerzeit tatsächlich bei 53 Prozent, aber dieser Grenzsteuersatz betraf ja, siehe oben, nur die letzten paar Euro ihres Einkommens. Der weitaus größere Teil wurde mit geringeren Sätzen belastet, angefangen vom damaligen Eingangssteuersatz in Höhe von 25,9 Prozent.

Nicht jede Klage über das Steuersystem ist also berechtigt. Und nicht alles am deutschen Recht ist schlecht: Zu den Pluspunkten zählen neben dem progressiven Einkommensteuertarif beispielsweise die vergleichsweise leistungsfähige Verwaltung, gute Rechtsschutzmöglichkeiten und neutrale Finanzgerichte, an die sich der Steuerpflichtige im Streitfall wenden kann.

Dennoch ist das Gefühl vieler Arbeitnehmer, Selbständiger und Freiberufler, im Würgegriff des Staates gefangen zu sein, berechtigt. Ein vollzeitbeschäftigter Arbeitnehmer in Deutschland verdient im Jahr durchschnittlich 45 000 Euro. Definiert man um diese Zahl herum einen engeren Mittelschicht-Korridor von 20 000 bis 70 000 Euro, dann zeigt sich, dass die betroffenen 17 Millionen Haushalte rund 50 Prozent zu den Steuer- und gar 70 Prozent zu den Sozialversicherungseinnahmen beitragen. Schuld an dieser überproportional hohen Belastung sind gleich mehrere gemeine Kniffe im Einkommensteuerrecht, die Politiker aller Parteien gerne verschweigen: der „Mittelstandsbauch", die kalte Progression und die niedrige Gehaltsgrenze, ab der der Spitzensteuersatz greift.

## *Ein fieser kleiner Knick*

Der Einkommensteuertarif in Deutschland verläuft laut offizieller Sprachregelung nicht nur progressiv, sondern sogar linear-progressiv. Der Begriff linear suggeriert dabei, dass die Steuerbelastung oberhalb des Grundfreibetrags von 8 130 Euro bis zum Einkommen von 52 882 Euro, ab dem der Spitzensteuersatz fällig wird, absolut gleichmäßig von 14 auf 42 Prozent ansteigt. Das Problem ist nur: So ist es nicht.

Vielmehr geht die Kurve im unteren Bereich zunächst steil nach oben und erreicht bereits bei 13 470 Euro die Marke von 24 Prozent. Danach knickt sie nach rechts ab und verläuft deutlich flacher bis zur Spitzenmarke. Der Tarif ist also gerade nicht linear, sondern weist einen fiesen kleinen Knick auf. Der Hinweis auf diesen Schönheitsfehler ist keineswegs die Mäkelei eines ordnungsliebenden Neurotikers. Der kleine Knick sorgt vielmehr dafür, dass die Steuerbelastung ausgerechnet dort besonders rasch ansteigt, wo es die Menschen am wenigsten gebrauchen können: im unteren Einkommensbereich.

Der so entstehende „Mittelstandsbauch" belastet die Steuerzahler, allen voran die Gering- und die Durchschnittsverdiener, insgesamt mit sage und schreibe 30 Milliarden Euro zusätzlich im Jahr, wie Zahlen des Finanzministeriums zeigen. Eine stolze Summe, die auch verrät, warum der Knick-Tarif einst eingeführt und bis heute nicht wieder abgeschafft wurde: Das Geld ist in den Haushalten von Bund, Ländern und Gemeinden schlicht verplant.

**Mittelstandsbauch**

nach Einkommen und Steuersätzen. Angaben in Euro

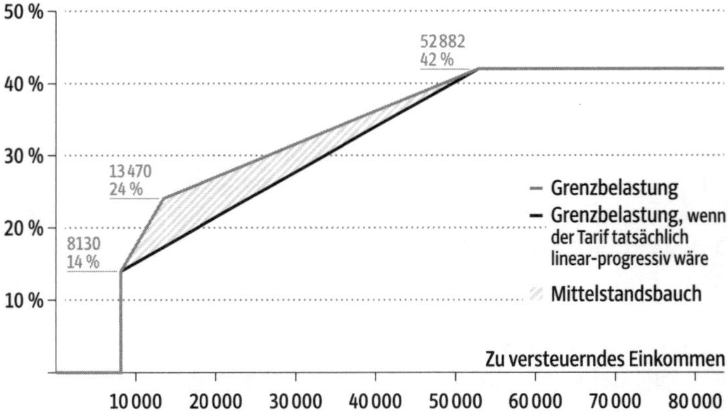


## *Ein heimlicher Raubzug*

Wenn eine Partei im Wahlkampf offen für Steuererhöhungen eintritt, dann wird sie in der Regel von den politischen Gegnern, den Medien und Interessenverbänden gehörig verdroschen. So erging es der Union, als sie 2005 eine Anhebung der Mehrwertsteuer um zwei Prozentpunkte ankündigte, und so ergeht es den Grünen 2013 mit ihrem Beschluss, nach der Wahl eine wahrhafte Steuererhöhungsorgie zu veranstalten. Um die heimlichen Steuererhöhungen aber, die die Politik den Bürgern seit Jahrzehnten zumutet, kümmerte sich lange Zeit niemand: die kalte Progression. Sie heißt deshalb „kalt", weil sie das Gegenteil dessen tut, was mit dem progressiven Steuertarif eigentlich erreicht werden soll. Sie sorgt nicht für mehr Gerechtigkeit, sondern für mehr Ungerechtigkeit, weil sie die Bürger, ohne dass die es merken, enteignet.

Wie kann das sein? Man stelle sich vor, die IG Metall hat nach langwierigen Verhandlungen eine Erhöhung der Tariflöhne um zwei Prozent herausgeschlagen. Im gleichen Jahr, in dem das zusätzliche Geld gezahlt wird, steigen jedoch auch die Preise für Nahrungsmittel, Benzin, Urlaubsreisen und Bekleidung, kurz: die Inflationsrate, um zwei Prozent. Unter dem Strich ändert sich an der Kaufkraft des Arbeitnehmers also gar nichts. Was sich aber ändert, ist sein Grenz- und damit auch sein Durchschnittssteuersatz, denn es steht ja formal ein höheres Bruttoeinkommen zu Buche. Aus dem ohnehin kargen Lohn-Plus wird also wegen des progressiven Steuertarifs real betrachtet sogar ein Minusgeschäft.

Der heimliche Raubzug beschert dem Staat Mehreinnahmen von drei Milliarden Euro pro Jahr. Die von Angela Merkel geführte schwarz-gelbe Koalition startete 2012 immerhin den Versuch, den Menschen einen Teil dieser zu viel gezahlten Steuern zurückzugeben. Die Verhandlungen mit dem rotgrün-dominierten Bundesrat scheiterten jedoch, weil keine der beiden Seiten bereit war, ideologischen Ballast über Bord zu werfen.

**Kalte Progression** („Tarif auf Rädern“)

nach Einkommen und Steuersätzen. Angaben in Euro

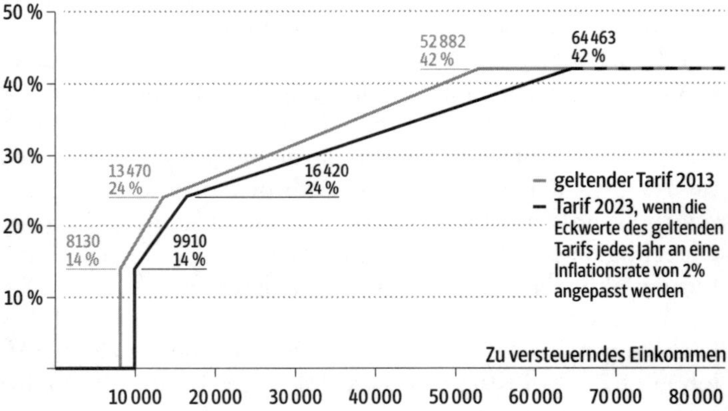


## *Reiche, die nicht reich sind*

Mit Steuersätzen zwischen 14 und 42 Prozent (45 Prozent, wenn man die ab gut 250 000 Euro greifende sogenannte Reichensteuer mit berücksichtigt) liegt Deutschland international gesehen im Mittelfeld. Die Sätze allein sagen aber gar nichts aus. Genauso wichtig ist die Frage, bei welchem Einkommensniveau sie greifen. Denn es ist natürlich ein gravierender Unterschied, ob zum Beispiel der Spitzensteuersatz schon bei 50 000 oder erst bei 100 000 Euro Einkommen fällig wird – und zwar nicht nur für den Spitzenverdiener, sondern für alle Steuerzahler: Je höher dieses Einkommen nämlich ist, desto sachter steigt die Steuerlast auch weiter unten an.

Bei dieser Betrachtungsweise steht Deutschland im internationalen Vergleich schon weit weniger gut da. Schon das steuerfreie Existenzminimum, das hierzulande wie erwähnt bei 8 130

Euro liegt, wird andernorts teilweise deutlich höher angesetzt: In Österreich etwa liegt es bei 11 000, in Finnland bei 16 100 und in Schweden gar bei knapp 47 000 Euro. Da lässt sich ein höherer Eingangssatz als der deutsche leicht verschmerzen. Ähnlich die Situation beim Spitzensteuersatz: In Deutschland wird er oberhalb von 52 882 Euro fällig, in Frankreich hingegen bei 150000, in Großbritannien bei 190000, in den USA bei 316000 und in der Schweiz gar bei sagenhaften 628 757 Euro.

## *Die gefühlte Steuerlast*

Für die Bundesbürger ergibt sich aus diesen Zahlen nicht nur ein tatsächliches, sondern zusätzlich auch ein gefühltes Problem: Während in anderen Industrieländern nur die wirklich Wohlhabenden mit dem Spitzensteuersatz in Berührung kommen, macht das deutsche Steuerrecht Menschen zu „Reichen“, die gar nicht reich sind. Vor 50 Jahren musste man das 17-Fache des Durchschnittseinkommens verdienen, um mit dem Spitzensteuersatz in Berührung zu kommen. Heute reicht bei einem Single das 1,2-Fache.

Vor allem die Grünen setzen nun mit ihrem Programm für die Bundestagswahl 2013 dem Ganzen noch die Krone auf, indem sie alle Paare mit einem Gesamteinkommen von mehr als 60000 Euro zu Besserverdienern und damit für vogelfrei erklären. Zur Begründung verweist der Fraktionsvorsitzende Jürgen Trittin stets darauf, dass ein durchschnittlicher deutscher Arbeitnehmer laut Statistik 30000 Euro im Jahr verdient. Soll heißen: Ein Ehepaar, das rechnerisch auf zwei Durchschnittsverdienste kommt, wird durch die Grünen-Pläne nicht belastet. Klingt toll – ist es aber nicht. Trittins Statistik umfasst nämlich auch die Verdienste aller Teilzeit- und Minijobber, wodurch der Durchschnitt massiv nach unten verzerrt wird. Man stelle sich einen Menschen vor, der als Angestellter 2 550 Euro im

Monat verdient und zusätzlich noch einem 450-Euro-Mini-Job nachgeht. Insgesamt verdient dieser Mensch also 3 000 Euro – in die Statistik geht er aber mit einem Durchschnittssalär von 1 500 Euro ein.

Statt alle Beschäftigungsverhältnisse einzubeziehen, wäre es deshalb redlicher, allein die Arbeitnehmer mit einer Vollzeitstelle zu betrachten: Dann aber beträgt der durchschnittliche Jahreslohn laut Statistischem Bundesamt nicht 30 000, sondern 41 000 Euro – inklusive Sonderzahlungen wie Urlaubs- und Weihnachtsgeld oder Boni also eher 45 000 Euro oder noch ein klein wenig mehr. Nach einer Erhebung des „Manager Magazins" liegt das Brutto-Jahresgehalt eines Beamten im Schnitt bei 47 500 Euro. Angestellte gehen mit 57 500, leitende Angestellte und Selbständige mit durchschnittlich 77 500 Euro nach Hause.

Das bedeutet: Eine Familie mit einem doppelten Durchschnittsverdienst und zwei Kindern käme keineswegs ungeschoren davon. Sie müsste nach Berechnungen des Finanzexperten Frank Hechtner von der Freien Universität Berlin im Gegenteil pro Monat bis zu 312 Euro mehr Steuern zahlen. Das sind 3 700 Euro im Jahr! Aus dem selbst ernannten Robin Hood Trittin wird damit der böse Räuber Hotzenplotz.

## *Kampf um das Ehegattensplitting*

Das Problem der Grünen ist dabei weniger die geplante Anhebung des Spitzensteuersatzes von 42 auf 49 Prozent. Eine solche Erhöhung kann – wenn der Rahmen stimmt – sogar vernünftig sein, wie sich im Weiteren noch zeigen wird. Was die Pläne für die Mittelschicht so teuer macht, ist vielmehr die geplante weitgehende Abschaffung des Ehegattensplittings. Es sorgt bisher dafür, dass Verheiratete steuerlich deutlich besser behandelt werden als Singles oder Paare ohne Trauschein – vor allem dann, wenn einer der Partner ein sehr viel höheres Einkommen erzielt als der andere. Verdient etwa der Ehemann 60 000 Euro im Jahr und die Ehefrau 20 000, dann werden die beiden Einkommen nicht einzeln belangt, sondern addiert und durch zwei geteilt. Statt einmal 60 000 und einmal 20 000 Euro werden also zweimal 40 000 Euro versteuert – was dem Ehepaar wegen des progressiven Steuertarifs viel Geld spart.

Kritiker monieren, dass das Konzept auf einem tradierten Rollenverständnis fußt und insbesondere Frauen dazu animiert, ganz auf einen Job zu verzichten und daheim zu bleiben. Statt die Ehe steuerlich zu alimentieren, müsse der Steuervorteil daran anknüpfen, ob jemand allein oder mit einem Partner Kinder groß zieht oder nicht.

Die Frage, ob der Staat das Institut der Ehe, alle Formen des partnerschaftlichen Zusammenlebens oder vor allem Familien mit Kindern steuerlich privilegieren soll, ist weniger eine steuerrechtliche als eine gesellschaftspolitische. Es gibt durchaus Argumente dafür, das Privileg daran zu knüpfen, dass sich zwei Menschen zu einer Ehe oder einer eingetragenen Partnerschaft zusammenschließen und damit weitreichende gegenseitige Verpflichtungen eingehen. Andererseits hat sich die Lebenswirklichkeit verändert: Viele Paare ziehen Kinder groß, verzichten aber auf den Trauschein; gleichgeschlechtliche Partner adoptieren Kinder und erweisen sich dabei – selbstverständlich – als liebevolle und verantwortungsbewusste Eltern; fast 2,7 Millionen Mütter – und zu einem geringen Teil Väter – kümmern sich allein um den Nachwuchs. Sie alle gehen, was Steuerprivilegien anbelangt, bisher leer aus. Das kann so nicht bleiben.

## *Wunderwaffe Familiensplitting?*

Ein populäres Schlagwort in der Debatte ist das sogenannte Familiensplitting. Es funktioniert wie das Ehegattensplitting, bezieht aber auch die Kinder mit ein. In Frankreich etwa steuern die Eltern jeweils einen Punkt, die beiden ersten Kinder je 0,5 Punkte und alle weiteren Kinder wieder je einen Punkt zum Gesamtfaktor bei. Bei einer Familie mit zwei Kindern wird das Einkommen der Eltern also durch drei geteilt (1 + 1 + 0,5 + 0,5) und die sich ergebende Steuerlast anschließend wieder mit drei multipliziert. Bei einer Familie mit drei Kindern betrügen der Divisor und der Multiplikator sogar vier (1 + 1 + 0,5 + 0,5 + 1). Änderte sich sonst nichts an der bestehenden Regelung, wäre die Steuerersparnis immens. Teile der CDU plädieren für ein solches Modell.

Aus Familiensicht eine verlockende Idee, zumal auch Alleinerziehende profitieren würden. Es gibt allerdings zwei Pferdefüße: Hauptnutznießer wäre nämlich die Familie eines alleinverdienenden Topmanagers mit vier, fünf Kindern. Sie würde im Zweifel Zehntausende Euro an Steuern sparen – woraus sich gleich das zweite Problem ergibt: Wird der Splittingvorteil nicht gedeckelt, kostet das den Staat leicht eine hohe Milliardensumme pro Jahr.

SPD und Grüne wollen deshalb statt eines Familien- ein sogenanntes Realsplitting einführen. Dabei werden die Eltern im Grunde genommen wie Singles besteuert, dürfen aber einen Teil des Einkommens an den Partner abtreten. Im Konzept der Grünen ist allerdings nur der auf 8 700 Euro erhöhte Grundfreibetrag übertragbar, weshalb alle Familien mit einem Einkommen von mehr als 60 000 Euro teils erheblich drauf zahlen müssten. Die SPD will nicht ganz so heftig zulangen und außerdem bereits bestehende Ehen von der Neuregelung ausnehmen. Die Liberalen – und zuletzt zur allgemeinen Überraschung auch Kanzlerin Angela Merkel (CDU) – plädieren hingegen dafür, das Ehegattensplitting beizubehalten, zugleich aber den steuerlichen Grundfreibetrag für Kinder von heute 7008 auf den Erwachsenen-Betrag von 8 130 Euro anzuheben – eine unspektakuläre, dafür aber vielleicht umso unkompliziertere, praktikablere Lösung.

## *Gut gemeinter Wirrwarr*

In gewisser Hinsicht wäre ein solcher Weg untypisch, denn unkomplizierte, einfache Lösungen sind nicht gerade ein Merkmal des deutschen Steuerrechts. Zu den beliebten Bonmots in steuerpolitischen Diskussionen gehört die Behauptung, dass wegen der Komplexität des hiesigen Systems zwei Drittel der auf der Welt existierenden Steuerliteratur in deutscher Sprache abgefasst seien. Das Schöne an dem Mythos ist, dass ihn niemand widerlegen kann. Ob die Aussage stimmt, weiß kein Mensch.

Tatsache ist: Das deutsche Einkommensteuersystem ist vor allem deshalb so kompliziert, weil es versucht, die Vielschichtigkeit der Lebensverhältnisse abzubilden und so dem Prinzip der Besteuerung nach der Leistungsfähigkeit gerecht zu werden. Wer etwa einen weiten Weg zur Arbeit hat, erhält dafür über die Pendlerpauschale einen Steuernachlass. Gleiches gilt für Menschen, die nachts, an Wochenenden oder im Schichtdienst arbeiten oder die viel Geld für eine aufwendige medizinische Behandlung ausgeben müssen. Das Problem ist allerdings: Jede Sonderregelung provoziert Missbrauch, den der Gesetzgeber dann wieder einzudämmen versucht – mit noch mehr Paragrafen.

## *Einfach, niedrig und gerecht?*

Der so entstandene Wirrwarr hat die Parteien seit jeher zu knalligen Wahlkampfslogans animiert. Der eingängigste Spruch der letzten fünfzehn Jahre lautet, wie schon angedeutet: „Einfach, niedrig und gerecht!“ Vor allem Politiker von Union und FDP haben ihn unzählige Male heruntergebetet. Er klingt so, als habe da jemand das geheime Rezept für die Quadratur des Kreises entdeckt. In Wahrheit fielen die Mitte-Rechts-Parteien auf die Illusionskünstler Friedrich Merz und

Hermann Otto Solms herein, die steuerpolitischen Vordenker jener kurzen marktliberalen Epoche, die vor gerade einmal fünf Jahren endete, uns heute aber schon so unendlich weit entfernt erscheint.

Umgesetzt wurden Merz' und Solms' Ideen nie, was kein Wunder ist, denn die Quadratur des Kreises kann bekanntlich nicht gelingen. Entsprechend kann auch ein Steuersystem nicht gleichzeitig einfach und gerecht sein, jedenfalls dann nicht, wenn unter Gerechtigkeit wie bisher weitgehende Einzelfallgerechtigkeit verstanden wird. Das Gegenteil ist wahr: Das Steuerrecht ist entweder einfach ODER gerecht.

Wer es einfach haben will, der muss auf viele Spezialregelungen vollständig verzichten oder sie zumindest durch Pauschalen ersetzen. Einfacher wäre das, aber auch gerechter? Drauf zahlen würde nämlich ausgerechnet die hart arbeitende Krankenschwester im Schichtdienst, die – um einen Job zu haben – einen weiten Weg zur Arbeit in Kauf nimmt. Umgekehrt entsteht das gleiche Problem: Je stärker der Staat versucht, die Lebenswirklichkeit des Einzelnen im Steuerrecht abzubilden, desto tiefer wird das Dickicht aus Spezial- und Ausnahmeregelungen. Am Ende ist das System gerecht und ungerecht gleichermaßen, weil es einerseits besonderen Lebenssituationen Rechnung trägt, andererseits so verworren ist, dass die Bauernschlauen des Landes die Sonderregeln für eigene Zwecke missbrauchen.

## *Ein paar kräftige Watschn*

Wer ankündigt, das Steuerrecht zu vereinfachen und Ausnahmen zu streichen, erhält am ersten Tag kräftigen Applaus – und am zweiten ein paar ebenso kräftige Watschn. Solange die Diskussion abstrakt bleibt, ist jeder für Steuervereinfachung. Steht aber plötzlich das eigene Privileg auf dem Prüfstand, ist das Geschrei groß. Selbstverständlich, so heißt es dann, müssen

Subventionen abgebaut werden – aber doch bitteschön nicht bei mir! Doch nicht bei den kleinen Leuten! Nicht bei den Familien! Nicht beim Mittelstand! Nicht bei Katzenliebhabern!

Ein gutes Beispiel ist die weitgehende Steuerfreiheit von Nacht-, Schicht- und Feiertagszuschlägen, von der zum Beispiel der Mitarbeiter eines Autoherstellers oder eine Stewardess profitiert. Es gibt keinen einzigen vernünftigen Grund dafür, dass die Gemeinschaft der Steuerzahler Nacht- und Schichtarbeit subventioniert und den Arbeitgebern die Kosten für die Zuschläge teilweise abnimmt. Ein Betrieb, der meint, er müsse auch nachts und am Wochenende produzieren, soll gefälligst selbst dafür bezahlen! Wer aber nun das Ende dieser Ausnahmeregelung fordert, wird nicht etwa gefeiert, sondern gerät im Gegenteil in den größten anzunehmenden Shitstorm, selbst dann, wenn er gleichzeitig eine Senkung der Steuersätze verspricht. „Die Stewardess soll die Steuersenkung für den Chefpiloten bezahlen" – so und ähnlich werden die Überschriften in den Zeitungen und die Eintragungen in den sozialen Netzwerken lauten. Kein Politiker hält eine solche Kampagne länger als eine Woche durch.

## *Land der Besitzstandswahrer*

Durch Steuersubventionen gingen dem Staat im Jahr 2012 gut 25 Milliarden Euro an Einnahmen verloren. Zu den größten Posten zählten die Mehrwertsteuerermäßigung für Kulturgüter, die Stromsteuernachlässe für energieintensive Unternehmen und der gerade diskutierte Einkommensteuernachlass für Nacht- und Schichtzuschläge, der allein mit 2,2 Milliarden Euro zu Buche schlug. Die Frage, welche dieser teuren Vergünstigungen gesamtgesellschaftlich betrachtet wirklich sinnvoll sind, wird jedoch ebenso selten gestellt wie die, ob nicht beispielsweise auch die Pendlerpauschale und das Ehegattensplitting in Wahrheit Subventionen sind.

Eine Kultur des Infragestellens, des Überprüfens gibt es nicht, vielmehr sitzt jeder auf seinen Besitzständen. Das Bundesfamilienministerium etwa weigerte sich jahrelang schlichtweg zu sagen, wie viele staatliche Leistungen für Ehepaare, Eltern und Kinder es überhaupt gibt. Seit Januar 2013 weiß man: Es sind 156! In einem Gesamtvolumen von exakt 200 Milliarden Euro! Man braucht in den Bericht gar nicht hineinzuschauen, um zu wissen, dass es hier Reformmöglichkeiten gibt. Passiert ist jedoch bisher nichts.

## *Der verpönte Rasenmäher*

Wer sich gezielt eine einzelne Subvention heraussucht, um sie abzuschaffen, wird in neun von zehn Fällen scheitern. Deshalb hilft bis auf weiteres nur ein Werkzeug, das ebenso wirksam wie verpönt ist: der Rasenmäher, eine gleichmäßige Kürzung praktisch aller Subventionen um beispielsweise zehn Prozent also. Der Einsatz dieses sperrigen Gartengeräts mag unpolitisch sein, aber zumindest kann keine Interessengruppe – von der stromintensiven Industrie über die Landwirte und die Betreiber von Windkraftanlagen bis zu den Schnittblumenhändlern – behaupten, schlechter als alle anderen behandelt zu werden. Außerdem hindert den Staat ja niemand daran, das eingesparte Geld wieder zur Förderung sinnvoller Projekte einzusetzen – dann aber zielgerichtet, zeitlich befristet und transparent.

Viele Experten haben angesichts der Komplexität des Steuersystems und der oftmaligen Unfähigkeit der Politik, überflüssig gewordene Sonderregelungen auch wieder abzuschaffen, längst die Segel gestrichen. Sie glauben, dass das gesamte Steuersystem nicht mehr reformierbar ist und durch ein völlig neues ersetzt werden muss. Und einen Namen hat ihre Hoffnung auch: Paul Kirchhof.

# *Der Garten der Freiheit*

Es ist eine seltsame Runde, die sich da an einem Juni-Abend des Jahres 2011 im Salon Bellevue des Berliner Hotels Ritz Carlton zusammengefunden hat. Ein bekannter Chefredakteur ist da, ein paar Fernsehleute, dazu die Wirtschaftskorrespondenten einiger Zeitungen und Magazine. Im kleinen Kreis wollen sie der exklusiven Vorabvorstellung eines Buches beiwohnen, das verspricht, in den kommenden Tagen für Furore zu sorgen. Manche der Geladenen verstehen etwas von Steuerpolitik, andere weniger. Der Name des prominenten Autors aber hat sie alle hergelockt.

Es gibt Champagner, edle Weine und Kalbsmedaillons, das Beste ist für den Anlass gerade gut genug. „Sie sehen einen glücklichen Menschen", sagt der Gastgeber, ein ebenso freundlicher wie distinguierter, hoch aufgeschossener älterer Herr, und blickt beinahe zärtlich auf das schmale ockerfarbene Büchlein, das er in seinen Händen hält. Es ist nicht weniger als das neue Steuergesetzbuch der Bundesrepublik Deutschland, es ist sein Steuergesetzbuch, er hat es geschrieben, vom ersten bis zum letzten Wort.

Neun Jahre hat das gedauert – nicht weil das Büchlein so dick ist, sondern weil es so dünn werden sollte: Die dreißig Bundessteuern will er auf vier reduzieren, die 33 000 Paragraphen auf 146 stutzen, alle Ausnahmen streichen. Am Ende stehen Einheitssätze von 25 Prozent bei der Einkommen-, 19 Prozent bei der Mehrwert- und zehn Prozent bei der Erbschaftsteuer. Heute, sagt Paul Kirchhof, regiere in Deutschland der Neid und die Furcht, sich dümmer anzustellen als der Steuertrickser von nebenan. Wenn aber sein Konzept erst einmal Gesetz sei und alle wüssten, dass jeder Bürger seine Steuern auch wirklich zahle, „dann können sich die Menschen erstmals am Erfolg des anderen freuen – das wäre Freiheit!"

Es ist das zweite Mal binnen weniger Jahre, dass sich der ehemalige Verfassungsrichter auf die politische Bühne wagt, um die Deutschen in den „Garten der Freiheit“ zu führen, wie er es beim ersten Mal, im Jahr 2005, gesagt hat. Damals war er ganze vier Wochen lang der Finanzminister im Schattenkabinett der Kanzlerkandidatin Angela Merkel, und obwohl die CDU-Vorsitzende am Ende tatsächlich die erste deutsche Bundeskanzlerin wurde, wollte plötzlich niemand mehr etwas mit dem weltfremden „Professor aus Heidelberg“ zu tun haben. Mit dem Intellektuellen aus dem Elfenbeinturm, der über Wolkenkuckucksheime und Familien mit 1,3 Kindern räsonierte. Kirchhof ist damals viel Unrecht widerfahren. Dass er mit seiner pastoralen, beinahe Sektenführer-ähnlichen Art auch selbst einen erheblichen Beitrag zu seiner medialen Versenkung leistete, hat er allerdings bis heute nicht verinnerlicht.

## *Demütigen durch Ignorieren*

Das Schlimme ist: Diesmal ist die Reaktion noch demütigender als 2005. Von wenigen höflichen Gesten abgesehen, ignoriert die Politik Kirchhofs Bundessteuergesetzbuch schlichtweg. Das ist nicht nur ungerecht, sondern wahrlich unanständig, denn Kirchhof hätte es verdient gehabt, dass Regierung und Opposition seine Thesen überprüfen und zumindest seine intellektuelle Leistung würdigen. Realitätstauglich aber, da haben die Politiker recht, ist sein erneut mit viel zu viel Pathos aufgeladenes Konzept nicht. Könnte die Bundesrepublik bei null anfangen, man könnte über eine Umsetzung vielleicht diskutieren. Das deutsche Steuerrecht aber ist über Jahrzehnte gewachsen, es hat seine Traditionen und Verdienste. Es lässt sich nicht mit einem Federstrich tilgen. Wer das Theater um die technisch vergleichbar simple Zusammenlegung von Arbeitslosenhilfe und Sozialhilfe zu Hartz IV miterlebt hat, der bekommt eine Ahnung davon, welch jahrelanges Chaos eine Operation am offenen Herzen des Steuersystems nach sich ziehen würde. Und das ist nur die Verfahrensseite.

Inhaltlich bräche am ersten Tag der Umstellung die altbekannte Diskussion los, ob einfacher auch wirklich gerechter ist. Kirchhof sieht wegen des im Volk grassierenden Verdachts, dass der Ehrliche der Dumme sei, die Demokratie in Gefahr. Sein Konzept mit Einheitssteuersätzen für die Krankenschwester und den Chefarzt, die Friseurin und den Bundesliga-Profi eignet sich jedoch mindestens ebenso dazu, den sozialen Frieden im Land zu stören. So herabwürdigend der Elfenbeinturm-Vorwurf des damaligen Kanzlers Gerhard Schröder auch war, so nah dran ist er doch am Kern dessen, was Kirchhofs Problem war, ist und vermutlich immer bleiben wird.

Zehntausende, vielleicht gar Hunderttausende Menschen kümmern sich ohnehin längst nicht mehr darum, ob nun Kirchhofs Garten der Freiheit, der Merz'sche Bierdeckel oder Schäubles Durcheinander Gesetz ist: Sie fühlen sich ungerecht behandelt, glauben, über Gebühr Steuern zahlen zu müssen – und bringen ihr Geld in der Schweiz, in Luxemburg oder sonst wo vor dem Fiskus in Sicherheit. Allein in der Eidgenossenschaft sollen Bürger der Bundesrepublik Deutschland unvorstellbare Summen gebunkert haben, weit mehr als 100 Milliarden Euro.

## *Ein paradiesisches Fleckchen Erde*

Wer der Obrigkeit trotzen will, das wussten schon die alten Gallier, benötigt einen kraftspendenden Zaubertrank – oder ein Nummernkonto in der Schweiz. Als die beiden Helden Asterix und Obelix vor bald 2 100 Jahren in die Provinz Helvetien reisen und dort vor einer römischen Patrouille flüchten müssen, verstecken sie sich im geräumigen Schließfach II/VI eines privaten Geldinstituts. Bankdirektor Vreneli registriert's mit einem Achselzucken: „Was ihr da rein gebt, geht mich nichts an. Das isch Bankgeheimnis."

Das ist Bankgeheimnis. Die meisten Deutschen, die diese Schweizer Spezialität nutzen oder genutzt haben, sind keine kaltherzigen Raffzähne oder kühl kalkulierende Verbrecher, wie der Fall des Bayern-Präsidenten Uli Hoeneß gezeigt hat. Sie sind in ihren Heimatorten oft angesehene Bürger, Handwerksmeister vielleicht oder Eigentümer kleiner Familienbetriebe, die sich im Sportverein, im Kirchenchor und für benachteiligte Kinder engagieren. Sie verstecken ihr Geld vor dem Fiskus, weil sie es für ihre Kinder zurücklegen wollen. Weil sie sich ungerecht behandelt fühlen, weil sie sich bis in die siebziger Jahre des vergangenen Jahrhunderts hinein vor der Einführung des Kommunismus in Westdeutschland fürchteten und später nicht wussten, wie sie das ins Ausland geschaffte Geld wieder heimholen sollten. Und – auch das gehört zur Wahrheit: Weil es über viele Jahrzehnte schlicht und ergreifend sehr einfach war, kleinere und größere Summen beiseite zu schaffen. Es guckte schließlich niemand richtig hin.

Viele Bürger haben sich für ihr Verhalten über die Jahre Rechtfertigungen zurechtgelegt, um das eigene Gewissen zu beruhigen. Manche sagen, es sei zwar nicht legal, wohl aber legitim, sich durch Steuerhinterziehung gegen einen allzu geldgierigen Staat zur Wehr zu setzen. Diese Form der Selbstjustiz nach dem Motto „Wer nicht hören will, muss fühlen", offenbart jedoch ein äußerst fragwürdiges Rechtsverständnis. So erklärlich die Sorge des schwäbischen Handwerksmeisters um sein sauer Erspartes auch ist, so sehr sich der Ärger eines Gérard Depardieu über einen Spitzensteuersatz von 75 Prozent nachvollziehen lässt, so wenig kann und darf dieser Ärger als Rechtfertigung für den Bruch von Gesetzen herhalten. Wo würde es hinführen, wenn die Einhaltung von Gesetzen künftig davon abhängig wäre, dass der einzelne Bürger die jeweilige Vorschrift auch für angemessen hält?

Bundespräsident Joachim Gauck hat die Steuerhinterziehung vor einiger Zeit deshalb zu Recht mit einem erfreulich unmissverständlichen Wort als das gebrandmarkt, was sie gesamtgesellschaftlich betrachtet ist: asozial. Umso schlimmer, dass der Staat noch vor einigen Jahren praktisch eine Bankrotterklärung im Kampf gegen die Steuerflucht unterschrieb.

## *Merkel und Steinbrück kapitulieren*

Dass Peer Steinbrück auf den Mund gefallen wäre, würden wohl nicht einmal seine schärfsten politischen Gegner behaupten. Und so war der Sozialdemokrat auch nicht um flotte Worte verlegen, als er sich 2008 als Finanzminister der Großen Koalition daran machte, die sogenannte Abgeltungsteuer auf Kapitalerträge einzuführen: „Lieber 25 Prozent von x, als 45 Prozent von nix", lautete sein Motto. Soll heißen: Wenn ich Bundesbürger mit Schwarzgeld im Ausland dazu bewegen will, ihre Zins-, Dividenden- und Wertpapierverkaufseinnahmen wieder brav daheim zu versteuern, dann gelingt das eher, wenn ich ihnen Anonymität und einen niedrigen Steuersatz von 25 Prozent anbiete, als wenn ich sie zwinge, ihre Vermögensverhältnisse offenzulegen und bis zu 45 Prozent Einkommensteuer zu zahlen.

Steinbrücks Ansatz war absolut realitätsnah und pragmatisch – und eine Kapitulation vor den Steuerhinterziehern sowie ihren Helfershelfern in den Banken, den Steuerbüros und Rechtsanwaltskanzleien. Denn allen markigen Worten vom Ausrücken der Kavallerie zum Trotz herrscht seit dem 1. Januar 2009 in Deutschland eine Zwei-Klassen-Gesellschaft: Wer arbeitet, muss auf sein Einkommen im Zweifel bis zu 42 Prozent – als Spitzenverdiener gar 45 Prozent – Steuern bezahlen, wer die Hände in den Schoß legt und sein Geld für sich arbeiten lässt, kommt mit 25 Prozent davon. Wer also ein „leistungsfreies Einkommen" bezieht, wie der Wirtschaftsethiker Ulrich Thielemann Kapitaleinkünfte einmal genannt hat, steht im Zweifel wesentlich besser da als jemand, der etwas leisten muss. Man muss kein Linksradikaler sein, um das ungerecht zu finden.

## *Die Tricksereien der Konzerne*

Noch schlimmer treiben es viele große Konzerne. Während gut betuchte Bürger mit einem Bankkonto in der Schweiz es meist dabei belassen, ein paar Tausend Euro an Kapitalerträgen zu hinterziehen, prellen viele Unternehmen den Fiskus mit einer Kombination aus legaler Steuergestaltung und halb legaler Steuerflucht um gigantische Beträge. Nach einer Untersuchung des Deutschen Instituts für Wirtschaftsforschung (DIW) gibt es allein in der Bundesrepublik eine gigantische „Besteuerungslücke" zwischen den gesamtwirtschaftlich erfassten und den tatsächlich versteuerten Unternehmensgewinnen. Sie lag zuletzt bei 90 Milliarden Euro.

Zu den Ursachen zählen die Verschiebung von Gewinnen ins steuergünstige Ausland, generöse Regelungen zur Bildung stiller Reserven und die Verlagerung privater Ausgaben in den Betrieb. Im Ergebnis zahlen die Betriebe mit durchschnittlich 21 Prozent viel weniger Steuern als gedacht – und als sie eigentlich sollten. Der tarifliche Satz liegt jedenfalls mit knapp 30 Prozent (für Aktiengesellschaften und GmbHs) deutlich höher. Betrachtet man den Zeitraum von 1992 bis 2008, dann legten die Unternehmensgewinne in dieser Periode um 140 Prozent zu. Die Einnahmen des Staates aus Unternehmenssteuern stiegen hingegen nur um 62 Prozent. Das hat Folgen für die gesamtgesellschaftliche Balance: Während der Anteil der Arbeitsverdienste am Bruttonationaleinkommen um 7,3 Prozentpunkte sank, legte jener der Betriebs- und Vermögenserträge um 4,3 Punkte zu. Ein Trend, der in ganz Europa zu beobachten ist und der zu immer mehr Unmut führt.

Im Mittelpunkt der Kritik stehen die neuen Computer- und Internetgiganten wie Google, Apple und Facebook. Sie nutzen den Steuerwettbewerb aus, den sich die Regierungen weltweit liefern, und generieren ihre Dienstleistungen zumindest auf dem Papier dort, wo sie am wenigsten zahlen müssen. Google etwa soll nach britischen Medienberichten 2011 im Vereinigten Königreich 2,5 Milliarden Pfund umgesetzt, aber nur sechs Millionen Pfund Körperschaftsteuer gezahlt haben – 2,4 Promille also. Und Apple kam bei Auslandsverdiensten von knapp 29 Milliarden Euro auf einen Steuersatz von 1,9 Prozent – jeder selbständige Tischler in Deutschland zahlt ein Vielfaches davon.

Innerhalb der Europäischen Union ist Irland mit einem Körperschaftsteuersatz von 12,5 Prozent der beliebteste Konzernsitz überhaupt. Und da die Regierung in Dublin Firmen darüber hinaus mit weiteren maßgeschneiderten Vorteilen ködert, liegt die tatsächliche Steuerlast oft noch niedriger. Es ist übrigens dasselbe Irland, das vor einigen Jahren wegen seines völlig überdimensionierten Banksektors beinahe kollabiert wäre und von den europäischen Partnern mit einem Hilfsprogramm im Volumen von 85 Milliarden Euro aufgefangen werden musste. Die Forderung, den Körperschaftsteuersatz anzuheben, konnten die Iren in der Debatte mit ihren hasenfüßigen Nachbarn dennoch abschmettern – mit einer bizarren, ja zynischen Folge: Heute haften die einfachen Menschen in Deutschland, Frankreich und Italien mit ihrem Ersparten dafür, dass ihnen die Iren weiterhin die Steuerzahlungen großer Konzerne wegnehmen. Ein perverses Konstrukt.

Es sind aber keineswegs nur die neureichen Internetriesen, die sich um das Steuerzahlen herumdrücken. Auch alteingesessene deutsche Konzerne wie die Allianz, Porsche und die Deutsche Bank verfügen über Repräsentanzen in Dublin, US-Größen wie Pfizer und Pepsi ebenfalls. Und auch viele sich hip und jugendlich gebende Marken sind schon als aggressive Steuergestalter aufgefallen: die Möbelkette Ikea etwa oder der US-Kafferöster Starbucks.

## *Steuersatz null*

Der Schriftwechsel zwischen Kerstin Andreae und Frank Wubben aus dem Frühjahr 2013 strotzt nur so vor Höflichkeiten und wohlklingenden Worten. Da bedauert es Andreae in einem Brief an den „sehr geehrten Herrn Wubben" zutiefst, dass dieser trotz Einladung nicht an der Bundestagsanhörung zum Thema „Bekämpfung grenzüberschreitender Steuergestaltungen" teilgenommen habe. Der Vice President, Continental Europe, der nach McDonald's zweitgrößten Restaurantkette der Welt wiederum schreibt an die „sehr geehrte Frau Abgeordnete", dass sich Starbucks „stets und immer" an die Steuergesetze halte. Schließlich sei Steuerhinterziehung eine Straftat, und wer den illegalen Weg wähle, „schadet nicht einem abstrakten Staat, sondern dem Fundament allen gesellschaftlichen Handelns". Wow, das hätte auch die Grünen-Parlamentarierin nicht schöner formulieren können.

Tatsächlich gibt es keinen Hinweis darauf, dass Starbucks Steuern hinterzieht – wohl aber darauf, dass der US-Konzern kräftig Steuergestaltung betreibt. Erst ganze drei Wochen und einen weiteren Briefwechsel später – diesmal per E-Mail – räumt ein Adlatus des Herrn Wubben gegenüber der impertinenten Grünen ein: „Starbucks Coffee Deutschland hat in den vergangenen drei Jahren kein zu versteuerndes Einkommen erwirtschaftet und musste daher entsprechend der deutschen Gesetzgebung keine Körperschaftsteuer zahlen."

Das ist wahrlich erstaunlich, denn das Unternehmen erzielte 2012 in seinen deutschen Café-Restaurants einen Umsatz von angeblich rund 120 Millionen Euro. Davon soll nichts übrig geblieben sein? Wahrscheinlicher ist, dass die Dinge ähnlich laufen wie in Großbritannien, wo Tom Bergin, ein kritischer Journalist der Nachrichtenagentur Reuters, wenigstens ein bisschen Licht in die Starbucks-Finanzströme brachte. Demnach erzielte das Unternehmen seit Öffnung der ersten britischen Filiale im Jahr 1998 Gesamteinnahmen von drei Milliarden Pfund – zahlte aber nur 8,6 Millionen Pfund Steuern, also drei Promille.

Dabei gab es selbstverständlich Gewinne. Sie flossen Bergin zufolge aber in Form von Lizenzgebühren für die Nutzung des Firmennamens an die Europazentrale des Konzerns in den bekannt unternehmensfreundlichen Niederlanden. Oder in die Schweiz, wo der konzerninterne Kaffeebohnen-Importeuer seinen Sitz hat. Die Eidgenossenschaft stuft solche Importe praktischerweise als Rohstoff-Handelsware ein – und besteuert sie mit kaum noch erwähnenswerten Sätzen. Insgesamt, so schätzt die Europäische Kommission, gehen allein den EU-Staaten durch Steuerhinterziehung und Steuergestaltung eine Billion Euro pro Jahr verloren. Das kann nicht so bleiben.

Doch nicht nur die Unternehmen drücken sich mit allerlei mehr oder minder legalen Tricks vor ihren gesamtgesellschaftlichen Pflichten. Auch eine zweite Gruppe tut das: die Vermögenden.

## *Wer ist eigentlich reich?*

Im Frühjahr 2013 veröffentlichte die Bundesbank eine Statistik, die von der Öffentlichkeit kaum beachtet wurde. Demnach stieg das Geldvermögen der privaten Haushalte in Deutschland 2012 um knapp 230 Milliarden auf fast fünf Billionen Euro. Knapp ein Drittel des Zuwachses ging auf Kursgewinne an den Börsen zurück. Spannend wird es, wenn man diese Zahlen in Zusammenhang setzt zur ersten umfassenden Vermögensstudie der Europäischen Zentralbank, die nur wenige Tage vorher erschienen war. Sie sorgte für viel Aufregung, weil sie scheinbar ergab, dass die Zyprer und andere vermeintliche Faulenzer in Südeuropa im Schnitt reicher sind als die Deutschen. Die eigentlich interessante Botschaft war aber eine ganz andere: Nirgendwo in Europa sind die Vermögen so ungleich verteilt wie in Deutschland.

Tatsächlich: Laut Armuts- und Reichtumsbericht der Bundesregierung gehören den reichsten zehn Prozent der Bevölkerung 53 Prozent des Gesamtvermögens. Dafür gibt es Gründe. Die Entfesselung der Finanzmärkte und die Auflösung der sogenannten Deutschland AG etwa, die die Gehälter von Bankern und Managern seit Beginn dieses Jahrtausends explodieren ließ; die rot-grüne Steuerreform des Jahres 2001, die zwar viele Verkrustungen der Ära Kohl löste, die Steuerlast aber zugleich – relativ gesehen – von den Spitzen- und den Gering- zu den Durchschnittsverdienern verschob; die Einführung der Abgeltungsteuer auf Kapitalerträge; die Ausnahmeregelungen bei der Erbschaftsteuer, die es gerade den Wohlhabenden erlauben, ihre Steuerlast auf null zu drücken.

Das Ergebnis all dieser Veränderungen ist fatal und setzt der schon erwähnten Ungleichbehandlung von Leistungs- und leistungsfreiem Einkommen die Krone auf: Wer viel arbeitet und gut verdient, führt schnell 40, 50 Prozent des Salärs an das Finanzamt und die Sozialkassen ab; wer so viel Geld hat, dass er von den Zinsen leben kann, überweist nur 25 Prozent an den Fiskus; und wer Millionen erbt und sich dabei ein bisschen geschickt anstellt, zahlt gar nichts. Das ist wahrlich spätrömische Dekadenz.

## *Die Vermögenden – eine geschützte Art*

Die eigentliche Krux am deutschen Steuerrecht ist, dass es die Leistungsfähigkeit eines Menschen beinahe ausschließlich an dessen Einkommen bemisst. Das hat fatale Folgen. Man stelle sich einmal vor, ein Arbeitnehmer verdient im Jahr 50 000 Euro. Sein Nachbar hingegen bekommt jedes Jahr von seinen Eltern 50 000 Euro geschenkt und hat es deshalb nicht nötig, arbeiten zu gehen. Der gesunde Menschenverstand sagt nun, dass beide Bürger gleich leistungsfähig sind. Während jedoch der eine etwa 10 000 Euro Einkommensteuer an das Finanzamt überweisen muss, kommt der andere mit 3 500 Euro Schenkungsteuer davon – wenn er denn überhaupt etwas zahlt.

Nach Berechnungen der Organisation für wirtschaftliche Zusammenarbeit und Entwicklung (OECD) liegt der Anteil der vermögensbezogenen Steuern in Deutschland – dazu zählen die Grund-, die Grunderwerb-, die Schenkung- und die Erbschaftsteuer – am gesamten Steueraufkommen bei kläglichen 2,3 Prozent. Das ist eine der niedrigsten Quoten unter allen westlichen Industrieländern. In der Schweiz etwa liegt der Wert bei 7,3, in Frankreich bei 8,4 Prozent – ganz zu schweigen von den Mutterländern des Kapitalismus: Ausgerechnet in Großbritannien und den USA tragen die Vermögenden mit 11,5 beziehungsweise 12,0 Prozent fünf Mal so viel zu den Steuereinnahmen des Staates bei wie in der Bundesrepublik.

Gleichzeitig haben sich – siehe EZB-Studie – die Gewichte innerhalb Deutschlands dramatisch verschoben. Zwischen 1990 und 2012 stieg das jährliche Lohnsteueraufkommen um fast zwei Drittel von 91 Milliarden auf 149 Milliarden Euro. Auf der anderen Seite schaffte der Staat die Vermögensteuer faktisch ab, wodurch er jährliche Einnahmen von vier Milliarden Euro verlor. Zwar stieg parallel das Aufkommen der Erbschaftsteuer von 1,5 Milliarden auf 4,3 Milliarden Euro an, der Beitrag der Vermögenden zum gesamten Steueraufkommen bleibt damit aber lächerlich gering. Es ist beinahe so, als stünden sie unter Artenschutz.

## *Wiedereinführung der Vermögensteuer?*

Die nächstliegende Idee, diesen Artenschutz aufzuheben, ist die Wiedereinführung der Vermögensteuer. Doch die nächstliegende ist nicht notwendigerweise die beste Idee, denn die Vermögensteuer hat ein großes Manko: Sie belastet jedes Jahr aufs Neue den gleichen Kapitalstock – im Zweifel so lange, bis er fast aufgebraucht ist. Das ist nicht Besteuerung, das ist Enteignung. Damit hätte die Steuer wohl auch gewaltige negative Auswirkungen auf die Investitionen von Personengesellschaften und die Zahl der Arbeitsplätze, die diese Firmen bereitstellen.

Dazu kommen massive praktische Probleme. Nach einem Urteil des Bundesverfassungsgerichts muss der Gesetzgeber bei jeder Form der Vermögensbesteuerung dafür sorgen, dass alle Kapitalformen mehr oder weniger gleich stark belastet werden. Die Forderung ist selbstverständlich berechtigt, würde aber bedeuten, dass jedes Grundstück, jedes Gebäude, jedes Kunstwerk, jedes Auto und jedes Schmuckstück Jahr für Jahr aufs Neue bewertet werden müssten. Der bürokratische und auch der finanzielle Aufwand für die Ermittlung echter Marktwerte wären so gewaltig, dass schon der Gedanke daran selbst den größten Träumer schlagartig in die Realität zurückholen müsste.

## *Wem das Geld in den Schoß fällt*

Statt ein Vermögen immer wieder aufs Neue zu besteuern, muss es vielmehr in dem Moment zur Finanzierung von Kindergartenplätzen, besseren Schulen, Jugendzentren und einer menschenwürdigen Altenpflege herangezogen werden, in dem es den Besitzer wechselt – im Schenkungs- oder Erbfall also. Wer erbt, zumal über eine Generation hinweg, dem fließt ohne eigenes Zutun Geld zu, ja, es fällt ihm gewissermaßen in den Schoß. Pro Jahr sind das in Deutschland Schätzungen zufolge 250 Milliarden Euro. Setzt man diese Zahl ins Verhältnis zu den vier Milliarden Euro an Steueraufkommen, wird das ganze Drama deutlich.

Die Kritiker dieser Logik argumentieren, dass der Verstorbene den Nachlass ja bereits versteuert hat. Das stimmt – tut aber nichts zur Sache: Denn nicht der Erblasser ist ja das Pendant des Arbeitnehmers, sondern der Erbe: Beiden fließt gleichermaßen Geld zu.

Das zweite zentrale Gegenargument lautet, dass bei einer drastischen Erhöhung der Erbschaftsteuer Firmen zerschlagen werden müssten, weil der Erbe sonst seine Schulden beim Fiskus nicht bezahlen kann. In der Tat: Wer einen Betrieb erbt, erbt nicht nur einen Vermögenswert, sondern auch Verantwortung. Das muss der Gesetzgeber berücksichtigen – und kreative Lösungen finden.

Erben, so hat es Ise Bosch, die Enkelin der schwäbischen Unternehmerikone Robert Bosch, in einem Interview der *Süddeutschen Zeitung* sinngemäß gesagt, sei kein Verdienst des Nutznießers, sondern „ein Schicksal – so wie Talent oder Schönheit". Ein sehr gütiges Schicksal, das nicht jeden gleichermaßen ereilt und das deshalb zur Solidarität verpflichtet. Es ist und bleibt ein gesellschaftspolitischer Skandal, dass in praktisch keinem Industrieland die soziale Herkunft eines Kindes so stark über seine Zukunft entscheidet wie in Deutschland. Das muss sich ändern – auch und gerade mit Hilfe der Erbschaftsteuer.

## *Kostenfalle für Geringverdiener*

Um die Leistungsfähigkeit eines Bürgers tatsächlich zu erfassen, muss die Politik also neben dem Arbeitseinkommen endlich auch Kapitalerträge und Vermögensübertragungen angemessen berücksichtigen. Sobald das geschieht, kann umgekehrt die Einkommensteuerlast insbesondere für die Mittelschicht gesenkt werden. Ein Problem allerdings bleibt auch dann noch, denn eine große Gruppe würde von solchen Steuersenkungen gar nicht profitieren – und das sind ausgerechnet die Geringverdiener. Sie zahlen keine oder fast keine Steuern, leiden aber unter einem Phänomen, das bei allen Debatten meist unter den Tisch fällt: die immens hohe Sozialabgabenlast in Deutschland.

Anders als in vielen anderen Industrieländern speisen sich die Renten-, die Kranken-, die Arbeitslosen- und die Pflegeversicherung in Deutschland nur zum geringeren Teil aus Steuern, sondern in erster Linie aus Beitragszahlungen der Arbeitnehmer und Arbeitgeber. Anders jedoch als im Steuersystem gibt es bei den Abgaben keinen progressiven, sondern einen Einheitstarif. Das bedeutet, dass selbst Geringverdiener vom allerersten Euro an etwa 20 Cent an die Sozialkassen abführen müssen. Das sind im untersten Einkommensbereich häufig jene 20 Cent, die eine arbeitende Familie noch von einer nicht arbeitenden, Hartz IV beziehenden Familie unterscheiden. Die Anreize, die hier gesetzt werden, sind grotesk: Arbeit lohnt sich nicht – Schwarzarbeit dafür umso mehr.

Schlimmer noch: Während die unteren Einkommensgruppen auf ihren vollen Verdienst Sozialbeiträge zahlen, kommen Spitzenverdiener deutlich günstiger davon. Die Abgaben sind nämlich nicht auf das gesamte Einkommen fällig, sondern nur bis zur sogenannten Beitragsbemessungsgrenze. Sie liegt 2013 in der Renten- und der Arbeitslosenversicherung bei 69 600 (West) beziehungsweise 58 800 Euro (Ost), in der Kranken- und Pflegeversicherung bundeseinheitlich bei 47 250 Euro. Ein Besserverdiener mit einem Jahreseinkommen von 120 000 Euro zahlt also bezogen auf seinen gesamten Verdienst nicht zwanzig, sondern nur etwa zehn Prozent Sozialabgaben.

Grund ist, dass die Sozialkassen als Versicherungen gestaltet sind und damit dem sogenannten Äquivalenzprinzip unterliegen. Es besagt, dass Beitrag und Leistung in einem bestimmten Verhältnis zueinander stehen müssen. Es kann also nicht sein, dass ein Top-Manager über den Umweg seiner Sozialabgaben für eine Blinddarmoperation faktisch hundert Mal so viel bezahlt wie eine Friseurin. Sinnvoller wäre es deshalb, zumindest Teile des Sozialsystems, etwa die Krankenversicherung, stärker auf eine Steuerfinanzierung umzustellen, weil sich dann sowohl der Besserverdiener als auch der Bezieher von Kapitaleinkünften mit seinem vollen Einkommen solidarisch zeigen müsste. Das aber haben SPD und Grüne mit ihrer törichten Kampagne gegen die sogenannte Kopfpauschale verhindert – und damit der eigenen Wählerschaft einen Bärendienst erwiesen.

## *Streitfall Mehrwertsteuer*

Viele Jahre lang war es unter Steuerpolitikern en vogue, eine Senkung der direkten Steuern bei gleichzeitiger Erhöhung der indirekten Steuern zu fordern. Dahinter steht der Gedanke, dass eine Reduzierung der Einkommen- und der Körperschaftsteuerlast die Kauffreude der Menschen wie die Investitionsbereitschaft der Unternehmen und damit das Wachstum insgesamt erhöht. Gleichzeitig lassen sich die Einnahmeausfälle für den Staat schon durch die relativ bescheidende Anhebung einer indirekten Massensteuer wie der Mehrwert- oder der Mineralölsteuer wettmachen. Die Mehrwertsteuererhöhung von 16 auf 19 Prozent im Jahr 2007 etwa brachte Bund und Ländern zusätzlich 25 Milliarden Euro ein – pro Jahr wohlgemerkt. Beinahe ein Perpetuum mobile also?

Es ist immer wieder erstaunlich, wie rasch sich vermeintliche Königswege als gespenstische Sackgassen entpuppen können. Aus heutiger Sicht nämlich erscheint die damalige Diskussion nur noch zynisch – zielte sie doch vor allem darauf ab, die Steuerlast von den Unternehmen Stück für Stück auf die Verbraucher zu verschieben. Verbrämt wurde das damals durch die Behauptung, die Arbeitnehmer würden ja durch eine Senkung der Einkommensteuer entlastet. Belastet würden hingegen die Konsumenten, die Käufer von Fernsehgeräten also oder die Autofahrer.

Dummerweise sind der Arbeitnehmer und der Konsument, der Nutznießer und der Leidtragende der Reform also, meist ein und dieselbe Person. Aus Sicht des Bürgers ist das also eine Aktion nach dem Motto „rechte Tasche, linke Tasche“, die ihm rein gar nichts bringt. Schlimmer noch: Den Geringverdiener belastet sie unter dem Strich sogar, weil er den Vorteil der progressiven Einkommensteuer gegen die Einheitssätze der Mehrwert-, der Mineralöl- und aller anderen indirekten Steuern eintauscht. Und noch eins kommt hinzu: Die Wirkung der bizarren, immer wieder beklagten Ausnahmeregelungen bei der Mehrwertsteuer würden durch eine solche Reform weiter vertieft.

**Steuereinnahmen 2012**

Alle Angaben in Milliarden Euro

| | |
|---|---|
| Umsatzsteuer | 194,6 |
| Lohnsteuer | 149,1 |
| Gemeindesteuern, v.a. Gewerbesteuer | 48,2 |
| Energiesteuer | 39,3 |
| Veranlagte Einkommensteuer | 37,3 |
| Nicht veranlagte Steuern vom Ertrag | 20,1 |
| Körperschaftsteuer | 16,9 |
| Tabaksteuer | 14,1 |
| Solidaritätszuschlag | 13,6 |
| Versicherungsteuer | 11,1 |
| Kfz-Steuer | 8 ,4 |
| Abgeltungsteuer | 8,2 |
| Grunderwerbsteuer | 7,4 |
| Gewerbesteuerumlage | 7,1 |
| Stromsteuer | 7,0 |
| Sonstiges | 6,6 |
| Erbschaftsteuer | 4,3 |
| Branntweinsteuer | 2,1 |
| Kernbrennstoffsteuer | 1,6 |
| Rennwett- und Lotteriesteuer | 1,4 |
| Luftverkehrsteuer | 0,9 |
| Biersteuer | 0,7 |

Quelle: Bundesfinanzministerium

## *Die Speisung der Fünftausend*

Rein steuerrechtlich gesehen ist es ein Segen, dass sich die biblische Speisung der Fünftausend in Galiläa zutrug und nicht in, sagen wir, Bottrop. Hätte es sich nämlich um ein kostenpflichtiges Happening im Ruhrgebiet gehandelt, wäre es kompliziert geworden: Teilnehmer, die Brot und Fisch auf mitgebrachten Decken oder eigens aufgestellten Tischen verzehrt hätten, hätten neunzehn Prozent Mehrwertsteuer zahlen müssen, denn aus Sicht des Fiskus hätte es sich um einen voll steuerpflichtigen „Restaurationsumsatz“ gehandelt. Wer hingegen gleich daneben im Stehen gegessen oder eine „behelfsmäßige Verzehrvorrichtung“, also etwa eine Theke oder ein Ablagebrett, genutzt hätte, hätte lediglich einen Lebensmittelkauf getätigt – und wäre mit sieben Prozent Steuer davongekommen.

Mit solchen und ähnlichen Haarspaltereien schlagen sich deutsche Gerichte täglich herum. Kein Wunder also, dass es Menschen gibt, die das dringende Bedürfnis verspüren, das deutsche Mehrwertsteuerrecht einmal grundlegend zu entrümpeln. Denn aus dem eigentlich vernünftigen Gedanken, Dinge des täglichen Gebrauchs weniger stark zu belasten als „Luxusgüter“, damit auch Geringverdiener Wurst kaufen und ins Theater gehen können, ist mittlerweile eine regelrechte Farce geworden. Der Grund ist, dass eine Abgrenzung zwischen beiden Produktgruppen in der Praxis kaum möglich ist – und dass es in den vergangenen Jahrzehnten zahllosen Interessengruppen gelungen ist, der Politik auch ihre Ware als besonders schützenswert unterzujubeln.

Deshalb wird heute eine Baby-Windel mit neunzehn, Tierfutter aber mit sieben Prozent besteuert. Beim Verkauf edler Zuchtpferde muss ebenfalls nur der ermäßigte Mehrwertsteuersatz gezahlt werden, während auf Wildpferde – mangels Lobby – der volle Satz fällig wird. Auch bei der Unterscheidung zwischen den Speisen der kleinen Leute und den Gerichten der Oberschicht hat die Politik längst den Überblick verloren: Kaviar, Langusten und Schnecken werden mit neunzehn Prozent belastet, Garnelen dagegen nur mit sieben.

Zuletzt haben sich Union und FDP an einer Reform versucht – wie alle Parteien vor ihnen ohne Erfolg. Steht nämlich etwa die Steuerermäßigung für Hundefutter zur Disposition, verweisen Vertreter der Opposition gerne mit tränenerstickter Stimme auf die arme Oma, der doch außer dem Dackel niemand geblieben sei. Auch christliche Bräuche werden deshalb aus steuerlicher Sicht bis auf weiteres ein kompliziertes Sujet bleiben: Der Adventskranz etwa schlägt mit sieben Prozent Mehrwertsteuer zu Buche – aber nur dann, wenn er ganz frisch ist und nicht aus Trockenmoos besteht. Ganz Clevere mögen an dieser Stelle auf einen verwegenen Gedanken kommen, doch sie seien gewarnt: „Trockenmoos", so heißt es in einer Weisung der Bundesregierung an die Finanzbehörden, „wird durch Anfeuchten nicht wieder zu frischem Moos."

# Ein Konzept für Wachstum und Gerechtigkeit

Außer einem grotesken Mehrwertsteuergeschenk an die Hoteliers hat die schwarz-gelbe Koalition in der Wahlperiode von 2009 bis 2013 steuerpolitisch praktisch nichts zustande gebracht. Die geplante Abschaffung der Gewerbesteuer? Abgesagt. Die Unternehmenssteuerreform? Vertagt. Das deutsch-schweizerische Steuerabkommen? So schlecht verhandelt, dass es im Bundesrat scheiterte. Der Abbau der kalten Progression? Mangels Kreativität verpatzt. Und schließlich die groß angekündigte Mehrwertsteuerreform? Siehe oben.

Dabei braucht dieses Land mehr denn je eine große Steuerreform, eine Reform, die das wirtschaftliche Wachstum ankurbelt, die Sozialsysteme auch im Zeitalter einer schrumpfenden Bevölkerung zukunftsfest macht und – vor allem – die Lasten unter den Steuerzahlern gerechter verteilt. Das bedeutet nicht, dass das Haus abgerissen und von Grund auf neu aufgebaut werden muss. Das hätte unabsehbare Folgen und wäre völlig unrealistisch, zumal die Bewohner des Hauses ja während des Umbaus weiter auf der Baustelle leben müssten. Das jämmerliche Kleinklein insbesondere der jüngsten Wahlperiode kann aber auch nicht die Lösung sein. Notwendig ist vielmehr ein umfassender Ansatz: Es müssen große Summen bewegt, Ideologien geopfert, Widerstände beseitigt und Hasenfüßigkeit überwunden werden. Es bedarf eines Sechs-Punkte-Plans für mehr Wachstum und Gerechtigkeit!

## *1. Runter mit der Einkommensteuer!*

Die Einkommensteuerlast in Deutschland ist ungerecht verteilt und damit eine Wachstumsbremse. Vor allem Gering-, Durchschnitts- und Besserverdiener werden zu stark, Spitzenverdiener dagegen zu gering belastet. Das gilt insbesondere, wenn man Steuern und Sozialabgaben zusammen betrachtet. Der „Mittelstandsbauch“ – eine Beleidigung gerade junger leistungsbereiter Arbeitnehmer mit immer niedrigeren Einstiegsgehältern – muss verschwinden, gleiches gilt für die als „kalte Progression“ verharmlosten heimlichen Steuererhöhungen. Zudem müssen die Einkommensgrenzen, ab der die einzelnen Steuersätze greifen, deutlich nach oben verschoben werden. Damit wird verhindert, dass das Steuerrecht Menschen zu „Reichen“ macht, die gar nicht reich sind.

Konkret sollte der Steuertarif so aussehen: Oberhalb des Grundfreibetrags von derzeit 8130 Euro greift der Eingangssteuersatz von 14 Prozent. Es folgt kein angeblich, sondern ein tatsächlich linear-progressiver Anstieg, bis bei einem Einkommen von 70000 (bisher 52 882) Euro der etwas höhere Spitzensteuersatz von 49 (bisher 42) Prozent erreicht wird. Der Durchschnittsverdiener käme also nicht länger mit dem Spitzensteuersatz in Berührung. Und wichtiger noch: Alle Steuerzahler mit weniger als 95 000 Euro Jahreseinkommen würden entlastet, wobei diese Entlastung, prozentual gesehen, mit sinkendem Verdienst zunähme. Verheiratete mit zwei Kindern könnten sogar 120 000 Euro, oder, je nach Splittingvorteil, noch etwas mehr verdienen, ohne sich zu verschlechtern. Bezieher von Spitzengehältern müssten hingegen mehr zahlen: Ein alleinstehender Manager mit 250 000 Euro Einkommen beispielsweise rund 11 000 Euro.

Eine solche Reform, die mehr als 95 Prozent der Bürger sowie das Gros der Personengesellschafter entlastet, würde den Staat natürlich zunächst einmal eine hübsche Stange Geld kosten: Nach Berechnungen des Bundesfinanzministeriums wären es inklusive Solidaritätszuschlag genau 28,7 Milliarden Euro. Das klingt nach einer unvorstellbaren Summe, und das ist es natürlich auch. Andererseits sind es keine fünf Prozent der gesamten Steuereinnahmen und 1,1 Prozent der gesamtwirtschaftlichen Leistung. Wenn eine Steuerreform auch einen Wachstumsimpuls setzen soll, muss sie ein solches Volumen haben – mindestens. Nicht zuletzt käme Deutschland damit auch den immerwährenden Forderungen aus den USA, Frankreich und vielen anderen Staaten nach, zur Belebung der Weltkonjunktur den Binnenkonsum, mithin auch den Import, zu stärken.

**Reformierter Tarif**

**nach Einkommen und Steuersätzen. Angaben in Euro**

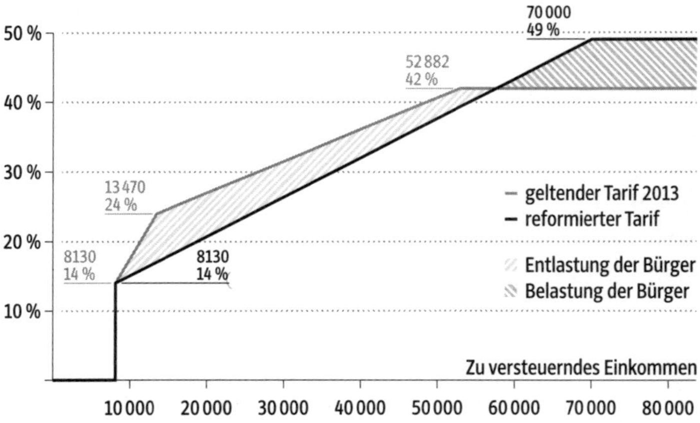


Zur Beseitigung der kalten Progression müssen nur die Einkommensgrenzen, ab der die einzelnen Grenzsteuersätze greifen, Jahr für Jahr im Umfang der Inflationsrate nach oben beziehungsweise rechts verschoben werden. Der Spitzensteuersatz würde damit im Jahr zwei der Reform nicht mehr ab dem 70 000. Euro, sondern erst ab 71 400 Euro fällig. Es entstünde ein „Tarif auf Rädern“, der den Bürgern Steuerzahlungen von drei Milliarden Euro im Jahr ersparen würde.

Hinzu käme eine Reform des Ehegattensplittings, bei der allerdings nicht nur steuer-, sondern vor allem gesellschaftspolitische Fragen beantwortet werden müssen. Steuerpolitisch erscheint es wenig sinnvoll, das verzwickte bestehende Modell mit seinen fragwürdigen Anreizen durch die Einbeziehung von Kindern noch weiter zu verkomplizieren. Sinnvoller wäre es, den steuerlichen Grundfreibetrag für Kinder auf das Erwachsenenniveau von derzeit 8130 Euro anzuheben und gleichzeitig den Splitting-Vorteil für kinderlose Ehepaare in der Höhe zu begrenzen. Davon hätten alle Eltern mit Kindern etwas: traditionelle wie gleichgeschlechtliche Paare ebenso wie Alleinerziehende.

## *2. Ran an die Sozialabgaben*

Geringverdiener haben kein Steuer-, wohl aber ein Abgabenproblem, da die Sozialbeiträge vom ersten verdienten Euro an in voller Höhe fällig werden. Im ohnehin wachsenden Schwarzarbeitsmarkt wirken die Beiträge damit als Brandbeschleuniger. Beheben ließe sich das, indem, wie bei der Einkommensteuer, ein progressiver Tarif eingeführt wird: Die Höhe der Beiträge stiege so mit wachsendem Einkommen an. Die Einnahmeausfälle für die Sozialkassen wären allerdings beträchtlich. Zudem verstieße ein solcher Tarif gegen das Äquivalenzprinzip, das eine Kombination aus minimaler Beitragszahlung und maximaler Sozialleistung untersagt.

Wer die Abgabenlast senken will, wird deshalb nicht umhin kommen, Teile der Sozialversicherung künftig statt über Beiträge über Steuern zu finanzieren. Dafür böten sich insbesondere die Kranken- und die Pflegeversicherung an, da hier, anders als in der Arbeitslosen- und der Rentenversicherung, die Leistungen für alle Zahler gleich sind und nicht vom Einkommen abhängen. Eine solche Steuerfinanzierung wäre im Übrigen auch gerechter, weil Besser- und Spitzenverdiener nicht mehr nur bis zur Beitragsbemessungsgrenze, sondern mit ihrem gesamten Einkommen solidarisch sein müssten.

## *3. Rauf mit der Erbschaftsteuer!*

Wenn es steuerlich irrelevant sein soll, woher jemand sein Geld bezieht, muss das erhebliche Folgen für die Erbschaftsteuer haben. Es ist schlicht inakzeptabel, dass jemand, der von Beruf Sohn ist, im Zweifel keinen einzigen Cent ans Finanzamt abführt, während sein Nachbar, der von Beruf Krankenpfleger ist, den ihm zufließenden Verdienst selbstverständlich versteuern muss.

An die Stelle des heutigen Erbschaftsteuerrechts mit seinen zahllosen Steuersätzen, Steuerklassen, Freibeträgen und Verwandtschaftsgraden sollte ein radikal einfaches System treten: 300 000 Euro Freibetrag für jeden Erben, unabhängig davon, ob er mit dem Erblasser verwandt ist oder nicht. Weitere 200 000 Euro werden pauschal mit 25 Prozent, darüber hinaus gehende Beträge mit 50 Prozent besteuert. Ein Einzelkind, das das Einfamilienhaus seiner Eltern erbt, käme damit auch in Zukunft steuerfrei davon. Wer dagegen die Villa, den Porsche, das Festgeldkonto und das Aktiendepot überschrieben bekommt, müsste ordentlich zahlen. Der Staat könnte damit sein beschämend niedriges Erbschaftsteueraufkommen von zuletzt 4,3 Milliarden Euro pro Jahr deutlich steigern.

Für Betriebe muss es weiterhin Sonderregeln geben, denn niemandem ist geholfen, wenn die Firma bankrottgeht, weil die Erbschaftsteuer das Kapital aufzehrt. Statt den Firmenwert zu besteuern, könnte der Staat etwa die Gewinnentnahmen des

Erben über einen Zeitraum von 30 Jahren mit Erbschaftsteuer belegen. Oder das Finanzamt nimmt eine Mischkalkulation vor: Der Wert des Betriebes, der Villa und des Sportwagens werden addiert, anschließend wird für die Firma ein geringer und für das private Erbe ein hoher Steuersatz festgelegt.

## *4. Weg mit der Abgeltungsteuer!*

Solange die Politik keine andere Möglichkeit sah, an die Kapitalerträge von Bürgern mit Auslandskonten zu kommen, war die Abgeltungsteuer womöglich eine logische Konsequenz. Mittlerweile sind die EU-Staaten aber dabei, europaweit, also auch in Österreich, Luxemburg, der Schweiz, Liechtenstein und anderen Steueroasen, den automatischen Informationsaustausch als Standard zu etablieren. Künftig müssen also die kontoführenden Banken die Heimat-Finanzämter ihrer ausländischen Kunden über deren Kapitalerträge unterrichten.

Das ist nur recht und billig, denn der Bürger hat zwar einen Anspruch auf Privatsphäre und auf informationelle Selbstbestimmung. Dieser Anspruch muss aber dort enden, wo er das Recht Dritter verletzt. Das ist der Fall, wenn jemand Steuern hinterzieht und die übrigen Bürger zwingt, das Minus in der Staatskasse über allgemein höhere Steuern auszugleichen.

Es ist deshalb wichtig, dass die Finanzminister der EU und der 20 weltgrößten Volkswirtschaften (G20) den Druck auf die Steueroasen so lange aufrecht erhalten, bis der automatische Informationsaustausch 2015 oder 2016 tatsächlich in Kraft ist. Ist es erst einmal so weit, muss die Abgeltungsteuer fallen! Denn es gibt inhaltlich nicht eine einzige Rechtfertigung dafür, dass Arbeitseinkommen mit Grenzsteuersätzen von bis zu 42 oder gar 49 Prozent belegt wird, Kapitaleinkünfte hingegen nur pauschal mit 25 Prozent belastet werden. In der Übergangsphase sollte die Abgeltungsteuer von 25 auf 35 Prozent angehoben werden. Zugleich muss die Bundesregierung den Druck auf die Steuerhinterzieher selbst erhöhen, indem die Möglichkeit, sich selbst beim Fiskus anzuzeigen und so einer Bestrafung zu entgehen bis Ende 2014 befristet wird. Wer danach erwischt wird, den muss die volle Härte des Gesetzes treffen.

## *5. Kampf der Steuergestaltung!*

Jede große Steuerreform wäre unvollständig, wenn sie das Problem der Steuergestaltung großer Konzerne nicht in den Blick nähme. Auch im Internet-Zeitalter, in dem sich Produktionsstätten und Erlösquellen der Firmen kaum noch an den Grenzen der Nationalstaaten orientieren, muss dafür Sorge getragen werden, dass insbesondere die Großunternehmen einen angemessenen Beitrag zum Steueraufkommen leisten. Das ist derzeit nicht der Fall, weil die Betriebe Gewinne in Steueroasen verschieben, noch mehr aber, weil sie legale Gestaltungsmöglichkeiten nutzen, die ihnen die Regierungen in einem absurden Wettlauf um möglichst attraktive Standortbedingungen eröffnen. Dieser Wettlauf muss gestoppt werden, da er am Ende auf Seiten der Staaten nur Verlierer haben wird.

Stattdessen müssen die Regierungen gemeinsam Schlupflöcher schließen und Mindeststeuersätze festlegen, die nicht nur auf dem Papier stehen, sondern auch durchgesetzt werden. Es kann nicht sein, dass die effektive Steuerlast der Unternehmen um 40, 50 Prozent unter den tariflichen Sätzen liegt. Allein in Deutschland ließe sich der Beitrag der Konzerne zum Allgemeinwohl um mehr als 20 Milliarden Euro pro Jahr steigern, wenn die vom DIW errechnete Besteuerungslücke von 90 Milliarden Euro endlich geschlossen würde.

## *6. Mehr Licht ins Steuerdickicht!*

Dass das Steuerrecht in Deutschland so kompliziert ist, liegt vor allem daran, dass es versucht, Einzelfallgerechtigkeit herzustellen. Das ist ehrenwert, führt aber auf Dauer zu einem Regelungsdickicht, das niemand mehr durchblickt – und deshalb außer Gerechtigkeit auch immer mehr Ungerechtigkeit produziert.

Alle Ausnahmebestimmungen des Einkommensteuerrechts müssen deshalb regelmäßig darauf hin überprüft werden, ob sie ihren Zweck noch erfüllen und weiter benötigt werden. Das geht am besten dadurch, dass sämtliche Vergünstigungen von vorne herein zeitlich befristet werden, beispielsweise auf fünf Jahre. Nach Ablauf der Frist läuft die Vergünstigung aus – wenn sie nicht erneuert wird. Damit käme es zu einer Umkehr der Beweislast: Nicht der, der die Subvention abschaffen will, muss das begründen und Verbündete suchen, sondern der, der sie erhalten will.

Neue Subventionen sollten zudem in aller Regel als direkte Zuschüsse und möglichst nicht in Form von Steuervergünstigungen gewährt werden. Steuersubventionen haben immer den Nachteil, dass sie Trittbrettfahrer auf den Plan rufen und unternehmerische Entscheidungen teils grob verzerren: Wenn aber bei Investitionsbeschlüssen die Steueroptimierung eine größere Rolle spielt als die Rentabilität, gerät zuerst das einzelne Unternehmen und am Ende die ganze Volkswirtschaft in eine Schieflage.

Das Steuerrecht sollte also schlanker werden, Schritt für Schritt und mit langen Bremswegen. Dabei helfen kann der Rasenmäher, der zwar politisch verpönt ist, aber zumindest dem bei jeder Reform zu hörenden Vorwurf vorbeugt, dass die eine Interessengruppe Vorteile verlieren soll, die andere aber nicht. Mit einer gewissen Komplexität des Steuerrechts werden wir uns allerdings abfinden müssen, wenn es wenigstens im Prinzip beim Grundsatz der Besteuerung nach der Leistungsfähigkeit bleiben soll.

Was die Mehrwertsteuer angeht, wird so lange Chaos und Verwirrung herrschen, wie es zwei unterschiedliche Steuersätze gibt. Denn egal, wo die Grenze verläuft: Es werden immer Fragen offen bleiben. „Ermäßigt wird, was man essen oder lesen kann", hat beispielsweise der Grünen-Vorsitzende Cem Özdemir jüngst vorgeschlagen. Klingt vernünftig – ist es aber nicht: Denn auf die Frage, wie der Ochsenschwanz besteuert werden soll, der mal in der Suppe, mal als Rasierpinsel endet, haben nicht einmal die Grünen eine Antwort.

Wer das Mehrwertsteuerrecht vereinfachen will, kommt um eine Radikalreform nicht herum. Sie lautet: Weg mit dem ermäßigten Steuersatz von sieben Prozent und dafür runter mit dem allgemeinen Satz von 19 auf 16 Prozent. Ob man das will, ist einmal mehr keine steuerpolitische, sondern eine gesellschaftspolitische Frage, denn hauptbetroffen wären die Geringverdiener. Wer es aber nicht will, der sollte zumindest damit aufhören, sich öffentlichkeitswirksam über den Irrsinn des Mehrwertsteuerrechts zu erregen.

## *Schluss mit den Dogmen!*

In der Steuerpolitik regieren an Stelle des gesunden Menschenverstands Dogmen und Parteitagsbeschlüsse. Als FDP-Mensch etwa muss man praktisch einen Eid schwören, jedwede Steuererhöhung abzulehnen, so sinnvoll sie in einem größeren Zusammenhang auch sein mag. Als Abgeordneter der Linkspartei hingegen darf man an Steuersenkungen nicht einmal denken, schließlich könnte auch ein Besserverdiener davon profitieren. Solange sich an solchen selbst verordneten Denkblockaden nichts ändert, ist eine sachorientierte, vernünftige Steuerpolitik nicht möglich. Die Leidtragenden sind die Steuerzahler.

Der Wohlstand in der Bundesrepublik wird zum ganz überwiegenden Teil von den weit mehr als 40 Millionen Menschen erwirtschaftet, die täglich in der Werkstatt, im Büro und auf den Baustellen, im Geschäft, in Restaurants und in den Krankenhäusern ihren Job erledigen. 70 Prozent ihrer Arbeitsplätze werden von Unternehmern gestellt, die anders als die viel hofierten Topmanager mit ihrem gesamten Privatvermögen für das Wohlergehen des Betriebes geradestehen. Ausgerechnet diese beiden Gruppen, Arbeitnehmer und Unternehmer, werden wie keine andere Gruppe vom deutschen Steuer- und Abgabenrecht gegängelt. Reiche und Großkonzerne hingegen genießen großzügige Privilegien – oder nehmen sie sich einfach. Gleichzeitig sind es die Arbeitnehmer, die den wachsenden Wettbewerbsdruck durch die Globalisierung besonders deutlich zu spüren bekommen. Aus all dem entstehen Zorn, Sorgen und Abstiegsängste, die die Leistungsbereitschaft der Menschen dämpfen, Schwarzarbeit und Steuerhinterziehung fördern und das Vertrauen in das Gesellschaftssystem unterminieren.

Damit muss Schluss sein. Die Menschen wollen keine Bierdeckel-Reformen und auch nicht in den Garten der Freiheit geführt werden. Die Menschen wollen ein schlüssiges Steuer- und Abgabensystem, das die notwendigen Einnahmen des Staates anders als heute nicht auf dem einfachsten, sondern auf einem möglichst gerechten Weg generiert – mit niedrigen Steuern für Gering- und Durchschnittsverdiener, angemessenen Steuern für Besserverdiener und hohen Steuern für Spitzenverdiener und Vermögende.

Darüber hinaus sollte sich der Staat von dem Gedanken verabschieden, mit Steuern steuern zu können, denn dieser Versuch führt regelmäßig zu Missbrauch und Mitnahmeeffekten. Zu den traurigen Beispielen gehören die Steuerfreiheit von Flugbenzin und die Mehrwertsteuerermäßigung für Hoteliers, für die – aber das nur am Rande – neben dem einstigen FDP-Chef Guido Westerwelle vor allem auch der CSU-Vorsitzende Horst Seehofer ordentlich verbal verdroschen gehört hätte.

Würde die Mittelschicht von Ballast befreit, und zwar die gesamte Mittelschicht, die untere, die mittlere und die obere, in einer Einkommensspanne von 20 000 bis 90 000 Euro, würden nicht nur ungeheure Wachstumskräfte freigesetzt, es wäre auch ein großes Versöhnungswerk zwischen dem Staat und seinen Bürgern. Und das Beste ist: Es müsste den Staat nicht einmal etwas kosten – wenn er bereit wäre, das Geld woanders zu holen: bei denen, die nicht von ihrer Hände Arbeit leben, sondern denen der Reichtum in den Schoß fällt. Und bei denen, die sich durch Trickser eien ihrer gesellschaftlichen Verantwortung entziehen.

Auch wenn man gänzlich unterschiedliche ökonomische und politische Epochen nicht einfach nebeneinander stellen sollte, hat der Wirtschaftsethiker Thielemann doch zu Recht darauf verwiesen, dass die Zeit des deutschen Wirtschaftswunders von kräftigem Wachstum, einer angemessene Kapital- und Vermögensbesteuerung und breiter Teilhabe am erwirtschafteten Wohlstand geprägt war. Mit diesem Dreiklang ist Deutschland ein wirtschaftlich erfolgreicher Sozialstaat geworden. Und mit diesem Dreiklang kann Deutschland auch die ökonomischen Herausforderungen des 21. Jahrhunderts erfolgreich meistern.